Inhalt

IAS 32 - Begrenzter Nutzen der veränderten Eigenkapitalvorschriften

Kernthesen

Beitrag

Fallbeispiele

Weiterführende Literatur

Impressum

… GENIOS WirtschaftsWissen Nr. 10/2006 vom 05.10.2006 …

IAS 32 - Begrenzter Nutzen der veränderten Eigenkapitalvorschriften

A. Kaindl

Kernthesen

- Nach IAS 32 muss eine Vielzahl von deutschen Unternehmen bei der Umstellung ihrer Rechnungslegung von HGB auf IFRS/IAS einen Teil oder das gesamte Eigenkapital in Fremdkapital umwidmen.
- Die Pflicht, Finanzinstrumente, die bisher unstrittig als Eigenkapital angesehen wurden, im IFRS/IAS-Abschluss als Fremdkapital zeigen zu müssen, hat großen Unmut ausgelöst.
- Hierauf reagierte das IASB kurzfristig mit

einem Entwurf zur Änderung von IAS 32.

Beitrag

IAS 32 in seiner derzeitigen Form führt bei vielen deutschen Unternehmen zu Bilanzierungsproblemen: Finanzinstrumente, die bisher als Eigenkapital auszuweisen waren, müssen in Fremdkapital umqualifiziert werden.

Bestimmungen des IAS 32

Eine sehr umstrittene Bilanzierungsvorschrift des International Accounting Standards Board (IASB) ist IAS 32, die Abgrenzung von Eigen- und Fremdkapital regelt. Nach IAS 32 wird ein Finanzinstrument nur dann als Eigenkapital anerkannt, wenn daraus für das emittierende Unternehmen keinerlei (Rück-)Zahlungsverpflichtungen resultieren. Inwieweit überlassene finanzielle Mittel in Krisen zur Verlustdeckung herangezogen werden können, spielt - im Gegensatz zum deutschen Handelsrecht - nach IAS 32 keine Rolle. Allein die Tatsache, dass sich das Unternehmen einer Zahlungspflicht bei einer Kündigung (irgendwann) nicht entziehen kann, genügt zur Fremdkapitaleinstufung. Das hat zur

Folge, dass in Deutschland das rechtliche Eigenkapital von Personenhandelsgesellschaften und von Genossenschaften, d.h. die Gesellschaftereinlagen, im IFRS/IAS-Abschluss als Fremdkapital zu behandeln sind, weil die Gesellschafter bzw. Genossen über ein unabdingbares gesetzliches Kündigungsrecht verfügen. Es ist jedoch nicht nur die Umklassifizierung von Eigenkapital in Fremdkapital vorzunehmen, vielmehr muss die so bilanziell entstehende Verbindlichkeit mit dem Fair Value bewertet werden. Damit droht nicht nur der Verlust des Eigenkapitals sondern auch die Ausweitung des Fremdkapitals. Die Umklassifizierung von Einlagen wirkt sich somit auf die Bilanzrelationen aus, und auch auf die Ertragslage. Denn wenn Einlagen zu Fremdkapital werden, müssen die Zahlungen an die Gesellschafter als Zinsaufwand ausgewiesen werden. [(1)](), [(2)](), [(3)](), [(6)]()

Die Rechtsform der Personenhandelsgesellschaft ist beim deutschen Mittelstand sehr beliebt, wegen ihrer hohen Flexibilität und umfangreicher gestalterischer Freiheitsgrade. [(6)]()

Auch im Gesellschaftsvertrag einer GmbH kann eine Kündigungsklausel der Gesellschafter mit Anspruch auf eine am Wert der Gesellschaft orientierte Abfindung vereinbart sein. Im Gegensatz zu den Personenhandelsgesellschaften und

Genossenschaften lassen sich die schädlichen Folgen aus IAS 32 allerdings durch Änderung des Gesellschaftsvertrags in Grenzen abwenden. (5)

Das Eigenkapital eines Unternehmens und seine bilanzielle Eigenkapitalquote beeinflussen die Möglichkeiten zur Fremdfinanzierung. Eine eigenkapitalgestützte verbesserte Bonität und ein solides Rating erhöhen das potenzielle Fremdfinanzierungsvolumen und vermindern die Kreditkosten. Auch wenn ein sachkundiger Leser der Bilanz die IAS-bedingte Umwidmung von HGB-Eigenkapital in Fremdkapital erkennt, bleibt das Problem, dass zur Umqualifizierung noch Auswirkungen auf die Ertragslage hinzukommen. Deshalb ist der IAS 32 scharfer Kritik von vielen Seiten ausgesetzt. (6)

Änderungsvorschläge des IASB zum IAS 32

Der IASB hat im Juni 2006 einen Änderungsvorschlag vorgelegt, nach dem Anteile an einem Unternehmen, die zum Fair Value (= beizulegender Zeitwert) gekündigt werden können und/oder einen Anspruch im Liquidationsfall einräumen, unter bestimmten Voraussetzungen als Eigenkapital klassifiziert werden können. (1)

Diese Voraussetzungen sind: (1), (2)

Die Anteile an dem Unternehmen wurden ursprünglich zum Fair Value ausgegeben und können gegen Zahlung zum Fair Value gekündigt werden.

Die Anteile stellen die nachrangigste Kapitalklasse dar und alle Anteile in dieser Klasse sind zum Fair Value rückzahlbar.

Der Änderungsvorschlag sieht außerdem zusätzliche Anhangsangaben vor, falls Einlagen als Eigenkapital ausgewiesen werden, u.a. ist zu jedem Bilanzstichtag der Fair Value dieser Finanzinstrumente anzugeben.

Die Änderungen des vorliegenden Entwurfs sind lediglich systemimmanent, nicht konzeptioneller Art. (2)

Kritische Würdigung der Änderungsvorschläge

Da die Finanzinstrumente zum Fair Value rückzahlbar sein müssen, ist es fraglich, ob die vorgeschlagenen Änderungen den deutschen

Unternehmen helfen. Für Genossenschaften wird sich nichts ändern, da diese Einlagen aus rechtlichen Gründen zum Nominalbetrag zurückgewähren. Auch Personengesellschaften, die in ihrem Gesellschaftsvertrag im Interesse einer Weiterführung der Gesellschaft eine Abfindung ausscheidungswilliger Gesellschafter (lediglich) zum handelsrechtlichen Buchwert vorgesehen haben, werden von der geplanten Neudefinition nicht profitieren. Die Auswirkungen sind paradox, gerade diejenigen Unternehmen, bei denen eine Kündigung ihrer Gesellschafter aufgrund der geringen (Buchwert-)Abfindung eher unwahrscheinlich ist, dürfen die Einlagen nicht als Eigenkapital ausweisen. (1), (2)

Der erweiterte Eigenkapitalbegriff soll sich nur auf Einzelabschlüsse sowie im Konzernabschluss nur auf vom Mutterunternehmen emittierte Finanzinstrumente beziehen. Einlagen in Tochtergesellschaften, in der Rechtsform einer Personengesellschaft, würden nicht als Eigenkapital gelten. (2)

Problematisch ist auch die Bedingung, dass das fragliche Instrument in die nachrangigste Kapitalklasse einzustufen ist. Bei einer Kommanditgesellschaft (KG) ist im Liquidationsfall die Einlage des Komplementärs die nachrangigste

Kapitalform, so dass fraglich ist, ob Kommanditeinlagen die Bedingung der nachrangigsten Kapitalklasse erfüllen. (1)

Der Änderungsvorschlag des IASB ist zwar ein Schritt in die richtige Richtung, aber kein Schritt, der dem betriebswirtschaftlichen Charakter des Eigenkapitals hinreichend Rechnung trägt. (1)

Fallbeispiele

Der vorgelegte Entwurf zur Änderung des IAS 32 könnte zu folgendem Sachverhalt führen: Eine GmbH & Co. KG an der Spitze eines Konzerns dürfte - bei Erfüllung der sonstigen im Entwurf genannten Voraussetzungen - die Einlagen der Komplementäre als Eigenkapital ausweisen, wenn die KG das Mutterunternehmen darstellt. Falls die GmbH das Mutterunternehmen ist, stellen die Komplementäreinlagen jedoch Fremdkapital dar; sie werden als Minderheitenanteile angesehen. Die Anteile der Minderheitsgesellschafter sind im Konzernabschluss als Verbindlichkeit zu zeigen. Die Gewinnanteile der Minderheitsgesellschafter belasten das Konzernergebnis. (2)

Der Deutsche Genossenschafts- und Raiffeisenverband (DGRV) hofft auf weitere Änderungen des IAS 32. Um eine zur Rechtsform passende Interpretation des IAS 32 zu erarbeiten, ist der genossenschaftliche Dachverband mit dem IASB im Gespräch. Ohne eine Überarbeitung der gültigen Regelungen würden die IAS beim deutschen Mittelstand keine breite Akzeptanz finden. Der Bundesverband der Deutschen Volksbanken und Raiffeisenbanken (BVR) betont in diesem Zusammenhang, dass die Genossenschaftsbanken mit dem in den vergangenen Monaten gefundenen Kompromiss, vorerst eine zufrieden stellende Lösung gefunden hätten. Die mit dem IASB erarbeitete Lösung sieht vor, dass Banken die Rückzahlung von Genossenschaftsanteilen aussetzen, wenn sich dadurch das Mindestkapital reduzieren würde. Alternativ könnte in der Satzung verankert werden, dass die Auszahlung von Guthaben abhängig von der Zustimmung der Genossenschaft ist. Diese beiden Maßnahmen stellen sicher, dass die eingezahlten Geschäftsguthaben auch zukünftig zum Eigenkapital zählen. Genossenschaften spielen in Deutschland keine kleine Rolle. Es gibt ca. 5 500 Genossenschaften und in 2005 kletterte die Anzahl von Genossenschaftsmitgliedern erstmals über 17 Millionen. (4), (5)

Weiterführende Literatur

(1) Scheffler, Eberhard, Änderungsvorschlag zu IAS 32, AG - Die Aktiengesellschaft 16/2006, S. R384-R385
aus Versicherungswirtschaft, 15.5.2006, 61.Jg., Nr. 10, S. 786

(2) Änderung des IAS 32 bringt nur begrenzten Nutzen
aus Börsen-Zeitung, 13.07.2006, Nummer 132, Seite 10

(3) IASB veröffentlicht ED for Amendments to IAS 32
aus Kapitalmarktorientierte Rechnungslegung, Heft 7-8 vom 5.7.2006, Seite 514

(4) Genossenschaftsverband will Änderung von IAS 32 BVR kann mit erreichtem Kompromiss "gut leben"
aus Börsen-Zeitung, 07.06.2006, Nummer 107, Seite 3

(5) Das Eigenkapital deutscher Unternehmen im Jahresabschluß nach IFRS Analyse eines Problems
aus Betriebswirtschaftliche Forschung und Praxis, Heft 04/2006, S. 325-341

(6) Eigenkapitalvernichtende Konsequenzen freiwilliger IAS/IFRS
aus FR - FR 13/2006, S. 566-572

Impressum

IAS 32 - Begrenzter Nutzen der veränderten Eigenkapitalvorschriften

Bibliografische Information der deutschen Nationalbibliothek

Die Deutsche Nationalbibliothek verzeichnet diese Publikation in der deutschen Nationalbibliografie; detaillierte bibliografische Daten sind im Internet über http://dnb.d-nb.de abrufbar.

ISBN: 978-3-7379-1344-7

© 2015 GBI-Genios Deutsche Wirtschaftsdatenbank GmbH, Freischützstraße 96, 81927 München, www.genios.de

Alle Rechte vorbehalten. Dieses Werk ist einschließlich aller seiner Teile – z.B. Texte, Tabellen und Grafiken - urheberrechtlich geschützt. Jede Verwertung außerhalb der Grenzen des Urheberrechtsgesetzes bedarf der vorherigen Zustimmung des Verlags. Dies gilt insbesondere auch für auszugsweise Nachdrucke, fotomechanische

Vervielfältigungen (Fotokopie/Mikroskopie), Übersetzungen, Auswertungen durch Datenbanken oder ähnliche Einrichtungen und die Einspeicherung und Verarbeitung in elektronischen Systemen.